# イメージと魔法の言葉で
# 潜在能力を引き出し
# 人生を成功させる
# 世界一楽しい自己暗示

爽快モチベーター　宮本晴記

ブックウェイ

# はじめに

私たちの日常生活の多くが思い込みによるものです。

嫁入り前の女性は、両親が反対しても、「彼と一緒になれば幸せになれる」と思い込めば、身一つで家を出ます。

またある女性は、彼に冷たくされても「根は優しい人だから」と思い込んで、押しかける女性もいます。


興味がない人は別にしても、大多数の若者たちが、司法試験に挑戦しようとしないのは何故でしょうか?

「受かるのは無理だ」と思い込んでいるからです。

できないと思い込めば、心にブレーキがかかり、行動に移ろうとはしません。

反対に、「私ならできる」と思い込めば、アクセルを踏み込む行動に移ります。

思い込みによって脳はどう変化するのか、実際に試してみればすぐわかります。

立ったまま、腰を下ろさずに体を前に曲げて、両手がどこまで届くか試して下さい。

但し、最初は何も考えずに体を曲げてみましょう。

床に、手のひら全部がついた人もいれば、指先さえもつかなかった人もいるでしょう。

次に目をつぶり、指先が床につかなかった人は、床についているイメージをしながら曲げて下さい。

指先だけはついても、手のひらがつかなかった人は、手のひら全部がついているイメージをしながら体を曲げて下さい。

どちらもイメージ通りについているはずです。

この現象が起きるのは脳の思い込みからきています。

手はつくものだという脳の思い込みであり錯覚です。

脳は、現実とイメージの区別がつかないために、イメージすることで、手はつくものと錯覚するからです。

脳の思い込みにより、「手をつけろ」と体に指令がくるわけです。

潜在意識に強い思いを働きかければ、強い力が発揮できるという面白い例があります。

それは、火事場の馬鹿力です。

か弱い女性であっても、いざ火事になれば、重いタンスでも一人で運び出します。

「嫁入り道具で持って来たものだから燃やすわけにはいかない」という強い思い込みの力が働きます。

また、火事でタンスが倒れて、幼い我が子が下敷きになれば、「なんとしても助けたい」一心になります。

強い思い込みは、強力なエネルギーとなり、大きなタンスでも持ち上げて助け出そうとするものです。

反対に、「助けたいけど私には絶対無理」と思い込んでいれば、「どうしようどうしよう」とただ狼狽《うろた》えるばかりです。

いい思い込みは不可能を可能にします。

自分自身を「エリート」だと思い込めば、それなりの服装や、態度をとるものです。

高い高級スーツに身を包み、颯爽《さっそう》と胸を張って歩くものです。

私も自分のことを一流の著述家だと勝手に思い込んでいます。

そうなると、作家として相応《ふさわ》しい服装を心掛けるようになるものです。

外出の時には、政治家の麻生太郎氏のような黒いソフトハットを斜《はす》にかぶり、気分は一流の作家気取りです。

思い込みよって、「私はスターだ、カリスマだ」というセルフイメージが出来上がります。

いいセルフイメージを持つことは、大変重要です。

人を動かす強力な原動力になるからです。


以前、テレビ朝日で放映されていた「ビッグダディ」を観ていた時のことです。

彼の二度目の奥さんが、大きな部屋で一人寂しそうに呟いていました。

「幸せなんて、私には縁のないこと、不幸な星の下にに生まれて来たんだぁ……」

彼女が、本心で言ったことではないにしても、潜在意識は、この言葉を素早くキャッチします。

そして、その通りの人間に仕立て上げようとします。

潜在意識は、ウソと真実の区別がつかないために、ウソで言ったことでも、真実のこととして捉《とら》えます。

言葉の怖《こわ》さでもあります。

逆に、ウソでもいいから「私はなんて幸せなんだ」と思い込めば、その通り幸せな人生を歩めるのです。

それもこれも思い込みの力によるものです。

潜在意識が働いて、思ったことや口に出した通りに指令を出すからです。

潜在意識の特質については、私の著書、「世界一わかりやすい潜在能力の引き出し方」の中で面白おかしく説明していますので是非ご一読下さい。


では一体、悪い思い込みを断ち切るにはどうすればいいのでしょうか。

そこが一番重要なことです。

それは、繰り返すことでしか叶いません。


「ウソも百回言えば真実となる」との諺《ことわざ》通りに実践すればいいのです。

悪い思い込みは、悪い思い癖と口癖で作り上げたものです。

それなら良い思い癖と口癖で作り直せばいいことになります。

「疲れた、嫌だ、だるい、無理だ」などの暗い言葉を一切口にしないことです。

「楽だ、好きだ、軽い、出来る」と明るい言葉に作り直せばいいのです。

いい思い癖や口癖にすれば、ゆっくりとしかも着実に人生は変化していきます。

本書を最後迄お読み頂ければ、楽に楽しく生きる多くのヒントが見つかります。

これをキッカケに、より一層素晴らしい人生の幕開けになります様に、心から願っています。

宮本　晴記

# 目次

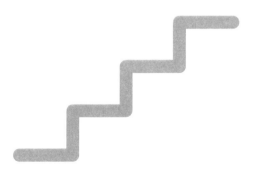

## 第2章

## 第3章 顔の表情を変えれば人生が変わる

# 第1章

# 脳をだませば、ビジネスも人生も思い通りになる

# 1

# 思い込みの力を利用すれば、楽に生きられて何事もうまくいく

思い込みの力を借りれば、毎日楽な生活ができます。
私はいつも思い込みの力を利用して、楽な生活を送っています。
毎週日曜日には、一キロ先のスーパーへ、歩いて買い出しに出掛けています。
キャリーバックを使わないのは筋肉を意識してのことです。
ところが、行きはよいよい帰りは怖いです。
帰りには、両手に持った手提《てさ》げ袋の中身が重くて顔がゆがんでしまうものです。
牛乳やビールなど重い物ばかりです。
そんな時は、バックの中に綿が一杯詰まったと想像しながら歩くようにしてい

ます。

綿と思い込めば、脳がだまされ、多少軽く感じるからです。

もしこの中に石が詰まっていると思えば、より重たく感じて、とても持てなくなります。

「綿と思うか、石と思うか」で重さも違ってきます。

これも思い込みです。

食事の時は、妻が作った料理が多少まずくても「旨《うま》いなぁ」と脳をだましながら食べるようにしています。

「旨い」と思い込めば、味もマイルドになるものです。

貴方が学生なら、試験でテスト用紙が配られれば、まず自分をだますことを勧めます。

「簡単簡単、なんてやさしいんだ」と呟《つぶや》くことです。
すると脳は勘違いを起こして、やさしく感じるようになるからです。
脳がリラックスすれば、潜在意識の重い扉が開き、覚えたことが浮かんできます。
情報や知識は、潜在意識の中に一杯入っています。
引っぱり出せないだけです。

昔、勤めていた会社の社長は教え上手でした。
パソコンの操作を年配の女性に教える時のことです。
昔の年配者は今と違いパソコンに、苦手意識を持つ人が多かったものです。
「難しいわぁ、私ムリムリ」と顔をしかめていました。
無理と思った瞬間に心が閉ざされてしまうことを、社長はよく心得ていました。
女性をパソコンの前に向かわせて、こう言いました。

「このパソコンは特別なもので、誰でも簡単に操作できるように作られたものなので心配いりません」と言ってから教えていました。

すると女性の固定概念がとれて、すぐにマスターしていました。

これは、彼女の強い思い込みを先にほぐしていたのです。

思い込みが強ければ、強固な心の壁を作り、何を言っても一切はねつけます。


ここで、思い込みの実験をしてみましょう。

椅子《いす》に腰かけて、目は軽く閉じて下さい。

ボールペンを手に持ち、腕をL字に折り曲げて下さい。

そして、こうイメージして下さい。

「手の上にはビールビンが乗っています」

すると一分も経たないうちに、ペンが重たく感じて、腕が下がっていることに気づきます。

今度は同じようにペンを持ち、綿でできたペンをイメージして下さい。

一分過ぎても手は下がっていないはずです。

軽いと感じるからです。

すべては思い込みのせいです。


世の中の多くの出来事が思い込みです。

誰から見ても不細工なのに、世界で一番美しいと思い込んでプロポーズする男性がいます。

また、彼氏に何度もだまされても、「この人となら幸せになれる」と思い込んで結婚する女性もいます。


自分は不幸だと思い込めば、不幸に感じて、幸せだと思い込めば、幸せに感じるものです。

すべては、思い込みの力が働き、脳が錯覚状態になるためです。

そのいい例がブータン王国の国民の意識です。

ブータン王国が実施したアンケート調査によると、国民の約九割が「自分は幸福で、今の生活に満足だ」と答えています。

このことからも、気持ちとは、思い込み一つでどうにでもなるものです。

いい思い込みで、脳をだませば、毎日を楽で楽しく生きられるのです。


これは、思い込みの力を利用して成功したスポーツ選手の例です。

元ロッテの捕手だった里崎智也さんは捕手でありながら、打撃の方も好調でした。

現役時代には、彼が活躍した試合のビデオを何度も観ながら、自分自身のイメージアップ作りをしていました。

ホームランを放って、ホームを一周する自分の勇姿を観て呟《つぶや》くのです。

「俺はやっぱりすごい人だ！」

こうして何度もビデオを観ることで、いいイメージを脳に染み込ませたのです。

「俺はやっぱりすごい！」

これは、脳が大喜びするいい思い込みです。

この思い込みが、潜在能力を最大限に動かす原動力になるのです。

脳内で成功の回路が作られます。

彼はこのビデオを「イメージアップビデオ」と称しています。

こうして思い込みの力を利用して、一流の選手に成長していきました。


成功者は、「思い込みの魔力」という言葉をよく口にします。

魔力とはとんでもない力のことです。

思い込めば、潜在能力が動き始めて体全体に指令を出します。

以前、三割バッターがインタビューで答えていました。

「今は調子がいいので、ボールが止まって見えます」

脳は選手の目に指令を出します。

「ボールを捕《と》えろ！」

さらに腕には強力なパワーがみなぎります。

その結果、球を芯で捕えることになり、球はバックスクリーンを直撃するのです。


思い込みの力には凄《すさ》まじいパワーがあります。

この力を利用するから優秀な成績を残せるのです。

スポーツに限ったことだけではありません。

日常生活やビジネスにおいても、思い込みの力を利用すれば楽で楽しく成功できるのです。

## 2
# 脳のだましやすい特質を利用すれば、いい気分で過ごせる

人間の頭の中は、いい思いより嫌な思いで一杯になることがよくあります。できることなら、いつも気分爽快に過ごしたいものです。

そこで、嫌な気分をシャットアウトして、いい気分でいるためには、常に脳をだます必要があります。

自分の脳を、「今日はなんて気分がいいのだろう」と錯覚させればいいのです。

それには、脳のことをよく知る必要があります。

自分の鼻がよく見えないのと同じで、あまり身近であれば、気が付かないものです。

脳は、どれほどだまされやすいかの楽しい実験があります。

脳の性質を理解すれば、毎日気分よく過ごせるヒントが見つかります。

貴方も、親子かご夫婦で試して下さい。

ご夫婦の場合は、奥さんが前を向いて立ち、ご主人が後ろから奥さんの脇腹に手を当ててくすぐります。

大抵の奥さんは「キャー」と笑い声と共に、体を揺らします。

次に、くすぐったくない方法を試して下さい。

奥さんは、くすぐろうとするご主人の両手の甲の上に手を置きます。

こうすれば、ご主人が奥さんの脇腹を再びくすぐっても全然くすぐったくありません。

これは脳の勘違いにあります。

ご主人の手を、奥さん自身の手と錯覚するからです。

誰でもご存じの通り、自分で自分の脇腹をくすぐっても、くすぐったくありません。

脳が自分以外の手であっても、自分の手と認識してしまうからです。

このように、脳は簡単にだまされやすい性質があります。

今度は、自分がタコになった実験をしてみましょう。

まず床の上に足を前に投げ出し、L字形で座って下さい。

手を前に伸ばし、足の爪先《つまさき》に手をつけて下さい。

体の固い人は、つかないものです。

次に、目をつぶり自分がタコになったイメージをして下さい。そして、タコのように手をグニャグニャと揺すりながら足の指につけて下さい。

大抵の人は、つくはずです。

何故でしょう？

「自分はタコになった」と、自分自身をだましているからです。
このように脳をだますのは簡単です。
脳のだましやすい特質を利用すれば、何事もうまくいきます。
いつも気分爽快に過ごしたければ、「いい気分だ」と、だまし続けることです。

# 3 自信の作り方は、好きなことを見つけて脳をだますこと

以前私はコンプレックスの塊《かたまり》でした。
本来記憶力が弱いために、学生時代には苦労したものです。
これはその時のエピソードです。
人を笑わせることが大好きな私は、十九歳の時、大学の落語研究会に入りました。
ところが、記憶力が悪いために落語の話がなかなか覚えられないのです。
高座では、話を忘れて赤っ恥をかいてしまいました。
高座で着る着物も作ったのですが、一年でやめました。

他にも苦手なものがあります。
機械、電気、数字が大の苦手です。
若い人たちが、パソコンを流れるように打っていても、ポチポチでしか打てません。
「人と比べて劣ってるなぁ」とよく思っていました。
まるで、コンプレックスが服着て歩いているようなものでした。
ところが現在は、コンプレックスを全く感じていません。
何故なら、六十歳にして、好きなこと得意なことを見つけたからです。
今現在は、「私の講演は世界一わかりやすくて面白い」と思っています。
私の脳が、「世界一だってぇ、すごいねぇ」と、ささやいてくれるからです。
早く言えば、脳が錯覚を起こしてる訳です。
自分自身をだまし続けた結果です。

一つでも、好きなこと、得意なことが見つかれば、他の苦手なものに対し、コンプレックスを感じなくなるものです。

「パソコンの操作では負けるが、面白い講演なら負けない」という意識があるからです。

コンプレックス意識など、どこかへ逃げて行ってしまいます。

記憶力が悪いと思っている私でも、東大の教授より勝つことがあります。

モチベーションの話をする場合は、教授より上です。

理論的に勝負すれば、当然負けます。

ところが、やる気の問題をわかり易く面白くジョークを交えて話すのであれば、私の方が上だと思っています。

何か一つ得意なものがあれば、苦手なものに対し、苦痛意識がなくなるものです。

世界の人口約七十三億人いても、一人一人顔つきはすべて違います。

他人と違った点を見つければいいのです。

誰でも何か一つぐらいは、好きなことや得意なことがあるはずです。

そこを見つけて伸ばせば世界一にだってなれる可能性があります。

人間には脳細胞が誰にでも一四〇億以上あります。

「私は一三〇億しかありません」という人はいないのです。

もし貴方がどんぶり飯を五杯食べられるなら、ギャル曽根さんに挑戦すればいいのです。

「好き、得意」な分野を伸ばせば、脳は「あんたはすごいねぇー」と錯覚を起こします。

するとますます力が湧いてくるというものです。

私が記憶力が悪いと思っていたのは単なる錯覚だと後になって気づきました。

自分で自分に「記憶力が悪い」と暗示をかけていたのです。

私たちの思っている多くのことが錯覚なのです。

自信にしても、自分で自信がないと思っている人は、自分自身が作り上げた錯覚だと認識しなければなりません。


脳科学者の茂木健一郎氏は言いました。

「根拠なき自信でも脳は自信をもつ」と。

根拠なんかなくてもいいのです。

自信がなくても「自信がある」と脳をだませばいいことです。

「好きなことを見つけて脳をだます」

これが自信の作り方です。

## 4 脳はウソと真実の区別がつかないので、脳をだませば楽になる

潜在意識はウソと真実の区別がつきません。

本当にそうなのか実験をしてみましょう。

貴方も自分自身のイメージ力がどれほどあるかを試して下さい。

頭の中で酸っぱいレモンを半分に切り、実際になめているところを想像して下さい。

昔の梅干しはショッパかったので、その経験がある人は梅干しで試して下さい。

レモンの場合は、半分に切ったレモンをかじったところをイメージします。

そして「あぁスッパー」と顔をゆがめて口に出して下さい。

役者になったつもりで演技してみましょう。

イメージ力の強い人なら、ツバが出てくるはずです。

ここで注目すべきことは、ウソなのになぜ脳は「口からツバを出せ」と指令を出すのかという点です。

脳はウソでも実際になめたと認識してしまうからツバが出るのです。

演技力のある女性は、悲しいシーンで本物の涙を流します。

悲しいのはウソです。

脳にウソをつけば、脳は指令を出して目から涙を流させるのです。

潜在意識はウソと真実の区別がつかないためです。

だから脳は簡単にだませるのです。

脳をだませば、体も痛くないという例を紹介します。

ある日、いかりや長介似のご主人が自宅の庭で剪定作業をしていました。

庭石を横にどけようとしたその時です。

腰に激痛が走ったのです。

「あっ痛ったたたぁ」とその場にうずくまってしまいました。

ちょうどその時、台所から森光子似の奥さんが血相を変えて駆け寄ってきました。

ご主人は、「自分のことを気づかって飛んできた」と思っていたのに、そうではなかったのです。

「あなた大変大変！　あなたが買った年末ジャンボの宝くじ、三億円当たったわよぉ！」

「えっ、ほんとか！」

ご主人は、スクッと立ち上がり奥さんの顔をまじまじと見詰めました。
すると奥さんは、「軽いジョーダンよ」と言ったのです。

この会話をしている時間帯は、ご主人の腰は痛くありません。
腰が痛いと感じたのは、神経が脳に伝わり脳が痛いと言っているのです。
脳さえだませば腰は痛くないのです。

このことからしても、脳をだませば心は楽になるという訳です。

たとえ、辛い出来事が起きても、脳をだませば、辛さは軽くなります。
脳内では、「辛い気持ち」と「嬉しい気持ち」が同時に起きないものです。
相反する二つの感情が同時進行するなんてありえないからです。
どちらかが表れれば、もう一方の方はへこみます。

もぐらたたきのもぐらの様にです。

普段から、「嬉しい楽しい」と思い続ければ、脳は次第にだまされて、いい錯覚を起こします。


思い癖に脳はだまされます。

私はいつも会社の行き帰りには、心の中で「良かった良かった」と呟いています。

何も良かったと思う理由などありません。

呟くことで、脳は自動的に「良かった」探しを始めてくれるからです。

この思い癖がつくと、本当に困った時でも潜在意識の奥底から「良かった」という言葉が聞こえてくるようになります。

その結果、気持ちにゆとりが出来ます。

心にゆとりがあれば、すぐに立ち直れます。

「良かった良かった」と脳をだませば、楽で楽しい生き方ができるのです。

## 5

# 現在、過去、未来の区別がつかない脳の性質を利用すれば、楽しく過ごせる

脳は現在、過去、未来が見分けられません。
脳は過去も未来も、現在の出来事として捉えるからです。

私は、兵庫県の山奥で育ちました。
子供時代は、野山でチャンバラごっこに明け暮れていました。
夏休みには、川で網を片手に小魚を追い回した楽しい思い出が一杯あります。
これらの思い出は、今から六十年前のことです。
遥《はる》か昔のことであっても、潜在意識から瞬時に引っぱり出せます。

思い出せば今、楽しさが蘇ってきます。

脳は現在と過去の区別がつかないために、大昔に楽しかったことでも、今現在楽しい気持ちを作れるのです。

過去の区別がつかないのであれば、未来はどうでしょうか。

未来の例を紹介します。

漫画家の蛭子能収似の山下君は二十五歳になったばかりです。

片思いの女性に六本木で会う約束を五回目のアタックで、やっと取り付けました。

翌日、彼は会社の昼休みに、あれこれと想像を楽しんでいました。

「十日先が楽しみだなぁ、当日は夜景の見えるレストランで食事をしよう、その後どこへ行こうかなぁ……、うふふっ、たまんないなぁ」

よだれが垂れてきたので、慌てて手でぬぐいました。

もう嬉しくて嬉しくて、気が変になりそうです。


この様に、十日先の未来の出来事でも、想像することで、脳は今現在のことととして捉えます。

実際にデートをしていると脳が錯覚していい気分になるのです。

嬉しさは、実際にデートをしている時と、想像している時の気分と同じです。


脳は、過去も未来も区別がつかず、今現在の出来事として捉えます。

この脳の性質を利用すれば、想像によって気分はコントロールできるのです。

過去の楽しかった思い出に浸《ひた》り、未来の楽しい出来事を想像することです。

そうすれば、毎日を気分爽快に過ごせるのです。

# 6 脳をだまして思い込めば、信念となり、成功する

本書の表紙には「世界一楽しい自己暗示」とあります。
これは決して自惚《うぬぼ》れているからではありません。
本当にそう信じています。
繰り返し自分をだますことで、暗示となり、錯覚を起こしているのです。
自分勝手な思い込みです。
思い込みは大切です。
何故なら、思い込みには魔力が潜んでいるからです。
魔力とは、ものすごい力のことです。

思い込めば、隠れた潜在意識は「ゴー」と音を立てて動き始めます。動き始めれば、火事場の馬鹿力のような大きな力が出てくるのです。か弱い主婦でも、火事で子供がタンスの下敷きになれば、大きなタンスを持ち上げます。

「何が何でも救い出さねば」という強い思い込みです。

重量挙げの三宅宏実選手のように、体重四十八キロでも一一〇キロもある鉄の塊《かたまり》を持ち上げます。

彼女に限らず、本来人間は皆持ち上げる力を持っています。

だからと言って、しょっちゅう持ち上げていたのでは、筋肉はたまったもんじゃありません。

筋肉はブチ切れ、骨も折れてしまいます。

体を壊さないように、潜在意識がおとなしくしてくれているのです。

筋肉博士で東京大学の石井直方教授も、「自分の意思では最大の筋肉の力は出せない」と語っています。

良識ある顕在意識が、「骨折り損のくたびれもうけになるので止めておけ」とブレーキをかけてくれています。

私も思い込みが激しい方です。

本を書いている時、「これはベストセラー間違いなし」と、一人でニヤニヤしながら勝手に思い込んでいます。

「数多の人に読まれるのだから、感動する本を書かなければ」と力が入ります。

若者たちが、友達に、「すごくいいいい本があるよ」と会話をしているシーンが頭に浮かんできます。

自分勝手な思い込みで、心が快になり、人々を感動させる本が書けるという訳です。

思い込めば、信念となり潜在能力が動き始めます。
その結果、成功を手にすることが出来るのです。

# 7 脳を何回もだませば「うまく出来る」と錯覚を起こす

オリンピックに出るような選手たちは皆、長時間にわたってイメージトレーニングをします。

表彰台に上がり、金メダルを受け取った後、観客に笑顔で手を振っているシーンをです。

何度も何度も、繰り返しおこないます。

繰り返すことで、選手の脳は「完璧に力を出し切れる」と、錯覚をおこします。

そして脳は、足のつま先から手の指先まで、体全体に指令を出します。

「金メダルをとれ！」と。

これも脳の錯覚からきています。

レモンなめ現象と同じことが起きます。

競技をしていないうちから、イメージによって脳がだまされた状態になっています。

当日、選手の脳は、錯覚を起こしているために、一〇〇%の力が発揮できて、金メダルがとれるのです。


私が講演の依頼があれば、少なくても百回はイメージトレーニングをします。

そして百回は、リハーサルをします。

聴衆が腹を抱えて笑っているシーンや、終わった後に大拍手が鳴り止まない状態をです。

すると当日は心に変化が起きます。

その場所での講演は初めてなのに、何回も場数を踏んだ気持ちになるのです。

百回のイメージトレーニングとリハーサルで、その日の講演は百一回目になります。

これで成功しない訳がありません。

そして私の脳は、こう言います。

「宮本！　お前の話は絶好調だ、うまくやれる」と。

脳が上手にできると錯覚を起こすからです。

何事においても、何度も繰り返せば、脳は完全にだませるものです。

# 8

# 気分を良くするための願いごとは、現在進行形にすれば、脳がだまされて良い暗示がかかる

願いごとは、現在進行形の言葉にすればうまくいきます。
脳をだますことになり、暗示がかかり易くなるからです。
元気がない人が願いごとをする場合は、「元気になりますように」と手を合わせます。
「元気になりますように」は未来形です。
この願い方では潜在意識は、「今は元気がないから元気にして下さい」と捉えます。

これでは脳をだますことは出来ません。

また、過去形の「元気になりました」では顕在意識がはねつけます。

「元気がないのに元気になりました」では顕在意識が納得しません。

願った人自身が腑に落ちなければ、いい変化が期待できないものです。

やはり一番いいのが、現在進行形で、「どんどん良くなっています」と願うことです。

この希望に満ちた言葉を何度も潜在意識へ浸透させれば、いい方向へとだます結果になり、効果が期待できます。


私は元々低血圧で、朝が弱く、なかなか起きられなくて困っていました。

そんな時、近所の本屋へ行き、自律神経を良くする本はないかと探しました。

そこで見つけた「自律神経を良くする本」を読んでいると、自己暗示のかけ方が載っていました。

自律神経を改善するための実践方法として、ドイツの精神科医で、Ｊ・Ｈ・シュルツ博士が考案した暗示のかけ方を実践してみることにしました。静かな部屋で、目を閉じて「右手が重たい」「右手が温かい」と段階的におこなう方法です。

最初は期待を膨らませて何回か試してみたものの時間がかかるために、せっかちな性分の私には向いてないと、すぐに止めてしまいました。

ある日、そうではなくもっと気軽に、「どんどん良くなってる」と脳をだませば、それ自体が暗示になると気づいたのです。

その様な訳で、歩く時はいつも「どんどん良くなってる」と、心の中で願い続けています。

気分を良くするための願いごとは、現在進行形が一番効果的です。

「どんどん良くなっています、ありがとうございます」

この願い方に感謝の気持ちを添えれば、気分に変化が生じてきます。実際には良くなくても、この魔法の言葉で脳はだまされて、気分は上向いていくものです。

私の若い頃は、気分の落ち込みが激しくて嫌な思いをしたものです。理由がなくても、急に気分が不愉快になるために難儀しました。まるでジェットコースターの急降下です。

今はそれがないために、穏やかな気持ちで過ごすことが出来ています。こうなったのも、願い続けたために、自己暗示がかかった訳です。

気分を良くするための願いごとは、現在進行形にすることです。
それを繰り返せば、次第に脳はだまされて良い暗示がかかります。

# 第2章

# 言葉を変えれば、楽に楽しく生きられる

# 1
# 大切な自分の心にいいウソをつけば得をする

私は、憂うつな時は自分にウソをつくようにしています。
「どんどん良くなっている」と、現在進行形でウソをつきます。
未来形や過去形ではなく、現在進行形を使うことが大事です。
「気分良くなりたい」では、潜在意識が、「今は気分が悪い」と捉えます。
潜在意識は勝手な解釈をしてしまいます。
この願い方では、暗示がかからないので、良くならないのです。
かといって、「気分良くなった」では、ウソが嫌いな顕在意識は文句を言います。

「今、ウソをついていませんか」と。

顕在意識は、何でも受け入れてくれる潜在意識と違い、融通もききません。人を許す時に使う「まぁいいか」という言葉も嫌います。

顕在意識だけに頼ると、心がガチガチになってしまいます。

顕在意識だけを働かせば、いつまで経っても心安らかな生活はできません。

潜在意識を活用してこそ、心にゆとりのある人生を歩めるのです。


「良くなっています」の後に、つけ加えればより一層効果が期待できる言葉があります。

「ありがとうございます」を付け加えればベストです。

「お蔭様で段々良くなっています、ありがとうございます」と言えば、心は大喜びします。

感謝の気持ちを表した時には、脳内に快楽物質のベータ・エンドルフィンが放出されるからです。

良くなったから感謝するのではなく、感謝するから良くなるのです。

感謝の言葉の中には、良くなる強力なエネルギーが潜んでいます。

私は毎日「どんどん良くなっています、ありがとうございます」と自分の心に感謝するようにしています。

いいウソなら心もきっと喜んでくれるはずです。

世界で一番大切な自分の心に、報告と感謝をすればいいのです。

自分の体も大切ですが、まずは心です。

体が病んでも、治る希望だけは持つことが出来ます。

ところが、心の場合は、その希望が持てないからです。

心ほど大切なものはありません。

心が、いかに大切かについて、仏法の御書には、次のように記されています。

「蔵の財よりも身の財すぐれたり身の財より心の財第一なり」

たとえ、資産五十億円あっても心が病んでいては、なんの役にも立たないからです。

守銭奴《しゅせんど》が、「折角貯《せっかくた》めた金だ」といって、五十億をカバンに入れて運ぼうとしても、次の世に持っていける訳がないのです。

嫌な女房が台所で、鼻くそをほじっていても、置いていかねばなりません。

家に置いていくか、それとも愛人にあげるしかないのです。


将来何が起きようとも、現在進行形で、自分にいいウソをつくことです。

ツイていなくても、「ツイてるツイてる」とウソをつけばいいのです。

ツキがツキを呼び、本当にツキが寄ってきます。

松下幸之助氏は、新入社員の面接で、「自分のことをツイている人間だ」と思っている人だけを、採用したと言われています。

ツキがツキを呼ぶことを、彼は心得ていたのです。

この先何が起ころうとも、現在進行形を使い、いいウソをつくことです。
「お蔭様で、どんどん良くなっています。ありがとうございます」と。

## 2

# 脳は言葉に出せば自他の区別がつかないために、脳の性質を利用すれば楽しくなる

脳というものは、言葉に出せば自分と他人の区別がつかないものです。

医学博士の佐藤富雄氏は、次のように述べています。

「自律神経系は人称の区別がつきません。主語を解さず、すべて言葉を発した当事者のこととして読みとります」


その証拠を挙げます。

ある日ヤンキー風の若者が、新宿駅の地下道で年配の男性会社員と肩がぶつか

りました。

すると若者は男性会社員に怒鳴りつけたのです。

「どこ見て歩いてんだ、バカヤロー！」


さて問題です。

この二人のうち嫌な気分に襲われるのはどちらの方でしょうか？

嫌な気分の度合いが、五十％が会社員なら一〇〇％は若者の方です。

嫌な気分になるだけでなく、血液の流れが悪くなり、病気にもかかりやすくなって被害は甚大です。

皮肉にも怒鳴った方が、被害の度合が大きいのです。

しかも怒鳴り方が大きければ大きいほど、嫌な気分が後を引きます。

何故でしょうか？

「バカヤロー」と怒鳴れば、その時若者の脳内は、怒りと気持ちの苦しさで一杯になります。

その放った汚い言葉の返り血を浴びてしまうからです。

これは、言葉に出せば、人称の区別がつかない脳のせいです。

逆に人を褒めた場合はどうなるでしょうか?

他人を褒めるわけなので、いい気分になるのは褒められた方だと誰もが思います。

ところが、そうではありません。

もちろん褒められた方は嬉しいものですが、褒めた方はもっと嬉しくなるのです。

いい気分の度合いが、褒められた方が五十%なら褒めた方は一〇〇%になります。

その証拠を挙げます。

ある日、久本雅美似の女性が、近所の岡本さんの奥さんに声を掛けました。

「あらっ奥様、今日のお洋服とてもお似合いよ、高かったでしょう」

岡本さんは研ナオコ似で、スナックのママさんです。

光り物好きで、大きな輪のイヤリングがキラキラと輝いています。

ママさんは、「あらっ、そーお」と満更《まんざら》でもない様子です。

「見る目あるわねぇー」と大きな口を開けてニコニコしています。


声を掛けた側は、相手のニコニコ顔を見て更に嬉しくなってくるのです。

褒め言葉を他人に放ったつもりでも、放った本人にそっくり返ってきます。

脳は言葉に出せば、その言葉は放った本人なのか、放たれた方なのかが、さっぱり分からないからです。

褒めた本人は、言葉の余韻が残るために、一日中いい気分でいられるのです。

私の近所に十八歳の女性がいます。

ある日、かかとの高い靴を履き、我が家の前を颯爽《さっそう》と歩いていました。

庭で草取りをしていた時、「おっ、格好いいねぇ、スラッとしてよく似合ってるよ」と声を掛けたのです。

すると彼女はにっこり微笑《ほほえ》んでいました。

もちろん若い女性からにっこりされれば嬉しいです。

天にも昇る気持ちです。

それよりも何よりも、「スラッとして格好いいねぇ」は、私だって腹が出てないのでスラッとして格好いいのです。（多少足は短いですけど）

放った言葉がそのまましっかりと自分の耳に入ってきました。

私の脳は、「格好いいねぇ」が自分自身に対して言ったことと勘違いを起こしているのです。

脳は、「誰に言った言葉なのか」と判断がつかないためです。
という訳で、他人を褒めれば気分が一番良くなるのは言った本人なのです。
反対に、人の悪口を言えば、放った本人が一番深く傷つくものです。
嫌な言葉が、放った本人にブーメランのように返ってくるからです。
一日中いい気分を持続したければ、相手のいい所だけを見つけて褒めることです。
そうすれば、どんどん気分が良くなってきます。
当然です。
自分自身を褒めているのと同じだからです。
脳の性質を利用すれば、楽しく毎日を過ごせるのです。

## 3 普段の口癖、思い癖で人生が決まる

普段の口癖や思い癖は、人それぞれです。「疲れた疲れた」と、よく言う人もいれば、「良かった良かった」と口にする人もいます。

普段のなにげなく言ったり思ったりする癖で、人生が決まることを知らねばなりません。

脳は、ご主人様が口に出す通りに仕向けるからです。

「疲れた」と言えば、疲れた方向へ導き、「良かった」と言えば、良い方向へ導こうとします。

口にする言葉が、知らず知らずのうちに暗示となり、言葉通りになってしまうのです。

「ウソも百回言えば真実となる」との諺《ことわざ》があります。

本来の意味は、他人の根もはもないウソでも何日も言いふらせば、周りの人たちはそれが本当のことだと信じてしまうという意味です。

ところが、この諺は自分自身に対しても言えることなのです。

自分に百回いいウソをつけば、その通りのいい結果になるともとれます。

病気をしても「段々元気になってきている」と百回唱《とな》えればいいわけです。

大変勇気づけられる言葉です。

脳が体に、「健康になれ」と指令を出してくれます。

言い続けることで、暗示となり脳がだまされてしまうからです。

本人もすっかり本当のこととして信じてしまうのです。

たとえ思わなくても、「自分は有能な人間だ」と百回言い続ければ、脳も錯覚して、有能な人間として相応《ふさわ》しい行動をとるようになります。

反対に、「私にはそれほど能力がない」と思っていれば、脳は、思った通りへ導きます。

そうなると、何事も挑戦しようという気が起きなくなるのです。

弁護士や検事などのあこがれの職業に挑戦しようとしない人がいるのは何故でしょうか？

もちろん興味がない人は別としても多くの人が、「司法試験に合格なんて、とても無理だ」という思い癖のせいです。

その思い癖を消し去るには、いい思い癖に作り直す必要があります。

「僕はできる！」と思い続け、言い続ければ自信が生まれます。

脳科学者の茂木健一郎氏のいう「根拠なき自信でも脳は自信を持つ」との言葉通りです。

ポジティブな言葉で脳をだませば、自信が生まれます。

何度でも挑戦しようという気になります。

「無理だ」と思った時点で、脳からの指令がストップするために、受験勉強をする行動を取らなくなります。

それゆえに、普段の口癖、思い癖が何よりも大事なのです。

普段の口癖、思い癖で人生が決まります。

## 4 願いごとは、否定語を使わず朝の寝起きがベスト

願いごとをする場合に、潜在意識へスムーズに入る時間帯があります。
それは、寝起きです。
人は、一晩に三回ほど訪れてくる浅い眠りのレム睡眠があります。
この時によく夢を見ます。
現在と過去が入り乱れた変な夢を、私もよく見ます。
これで目が覚めて、トイレに行く回数も毎晩三回です。
実はこのウトウト状態がチャンスなのです。
願いごとが、潜在意識へ一番入りやすいのです。

朝、目が覚めて、意識がもうろうとしている時間帯が、ゴールデンタイムなわけです。

私は、Ａ４用紙に書いた願いごとを、居間に貼っています。

朝起きればすぐに見る癖をつけています。

・人生バラ色この世は楽しいことばかり
・５作目の電子本一〇〇万冊のベストセラー
・私は世界一の著述家・講演家
・分譲賃貸マンション25戸取得
・今日も一日元気で気分爽快

願いごとを潜在意識に入れる時間帯は、なんといっても寝起きです。

生真面目な顕在意識は、こう言います。

「世界一の著述家だってぇ、誰が？　何寝ぼけたこと言ってんだ！」

ところが、何でも受け入れてくれる寛容な潜在意識は違います。

「世界一だってぇ、そりゃ結構なことだ、すごいねぇ」と喜んでくれます。

では一体なぜ願いを潜在意識に入れることが重要なのでしょうか。

脳が体全体に「目標に向かって進め」と指令を出してくれるからです。

その結果、無意識に成功に向かって歩き始める様になります。

日常活動の多くが無意識に行動しています。

毎日会社に出勤しているビジネスマンが、今日も会社に行くから歯を磨いてからスーツに着替えようなどと意識はしないものです。

無意識に行動する様になるためには、潜在意識へ夢をどんどん入れればいいのです。

そして願う際には否定語は避けた方がいいという例を紹介します。

ある日、小学校で心の実験がありました。

先生は、女生徒を椅子に腰かけさせて言いました。

「これから心の実験をします。

三分間目をつぶって楽しいことばかりを想像して下さい。

但し、蝶ネクタイをしたブタだけは、絶対に想像しないで下さい」

三分間後に先生は尋ねました。

「蝶ネクタイをしたブタは出てきましたか？」

「ハイ何度も出てきました」と女生徒は答えたのです。

潜在意識は、言われたことも守れなく制御不能なのです。

この実験からも分かるように、「今日一日、嫌な気分になりませんように」と願っても、潜在意識は守ってくれません。

大雑把《おおざっぱ》な潜在意識は、「嫌な気分になりませんように」と願っても、「嫌な気分に」の部分だけを捉えます。

その結果、「嫌な気分」だけが潜在意識に沈んでいく羽目になります。

願う際には、否定語は一切さけるべきです。

効果的な願い方は、こう言います。

「今日も一日いい気分で過ごせますように」

否定語は入れず、肯定語だけで願うのです。

願いごとは、否定語を避けて、朝の寝起きがベストです。

## 5

# 言葉の力を借りれば、脳をだましやすくなり、楽な生活ができる

重い物を持つ時は、言葉の力を借りて脳をだませば軽く感じるようになります。

私は毎年冬になると、自転車で近くのガソリンスタンドへ灯油を買いに行きます。

セルフサービスで灯油を入れ終わると、自転車の荷台に乗せるのに、持ち上げるのがいつも大変です。

十八リットル入りのポリタンクは重くて持ち上がりません。

このために以前はよく苦労したものですが、今は楽勝です。

いつでも脳をだます癖がついたからです。

言葉で脳をだまします。

「軽い軽い」と呟《つぶや》きながら、一気に持ち上げると全然苦にならず簡単です。

重いと感じているのは脳なので、脳を「軽い」と思わせればいいことになります。

「軽い」という言葉にだまされるのです。

これは脳の錯覚です。

この訳は、脳はウソと真実が見分けられないからです。

脳にウソをついて「軽い」と思わせます。

脳がまんまと引っかかって、「軽い」と勘違いを起こしているのです。

レモンをなめてもいないのに、イメージでなめたとウソをつけば、ツバが出てくる原理と同じです。

気分についても同様のことが言えます。

楽しくなくても「楽しい」と言葉でだませば、脳が勝手に「楽しかった」探しをしてくれます。

また、「良かった」という理由がなくても「良かった良かった」とだませば良かった探しをしてくれます。

私はいつも「良かった良かった」と呟くようにしています。

すると実際に困ったことが起きても、大したことでない様に感じるものです。

以前コンビニのATMで、こういう出来事がありました。

九千円を引き出したものの、取り忘れてしまったのです。

銀行のATMと違ってコンビニのは、取り忘れのブザーが鳴らないために気づかなかったのです。

五分後に気づいて戻った時は、もう無くなっていました。

その時すぐに頭に浮かんだ言葉は、「良かった」でした。

「大金でなく、九千円で良かった」と思ったのです。

この「良かった」と思う癖がないと、いつ迄も嫌な思いを引きずるものです。

言葉は人とのコミュニケーションを円滑にするだけではなく、気分まで良くする重要な手段です。

言葉の力を利用すれば、楽な生活ができるのです。

いい言葉使いや、明るい言葉を心掛ければ、幸福な方向へと脳が導いてくれます。

# 6 脳をだます時に重要なことは、繰り返し

脳をだます時に重要なことが一つあります。

それは、繰り返しです。

繰り返すことで、脳は段々とだまされてしまうのです。

この繰り返しがないと、何事も成就しないものです。

「ウソも百回言えば真実となる」のことわざは、自分自身に対しても言えることです。

自分に対し、「自信がない、自信がない」と思っていれば、本当に頼りなく自信のない人間になってしまうのです。

「無理だ、無理だ」と言っていれば、出来るものも出来なくなってしまいます。

悪い自己暗示にかかるからです。

反対に、「私は人に優しく、仕事ができる人間だ」と思い続けていれば、脳はだまされ、本当にその通りの素晴らしい人間になるものです。

ただし、五、六回唱えただけでは、あまり意味がありません。

どんなにいい考え方をしても、繰り返しがなければ、心はまた元の木阿弥《もくあみ》です。


繰り返しの大切さは、スポーツにも言えます。

王貞治氏の現役時代のことです。

練習で、クタクタになり部屋に戻ってからも、バットを振り続けました。

一本足打法で、畳がすり切れるまで振り続けました。

バットを繰り返し振り続けることで、一流のバッターに育つのです。


脳も同じく、繰り返し、考え方を入れることで、脳はだまされます。

本書の表紙に、「世界一楽しい自己暗示」のタイトルは、何百回も「私の本は『世界一楽しい暗示法』」と思い続けた結果です。

強固な自己暗示にかかってしまったのです。

最初は当然ためらいがあります。

でも、思い続ければ脳は次第に錯覚を起こすのです。

これは繰り返しの効果によるものです。

いい考え方を何でも無条件に受け入れてくれる潜在意識にまず入れ、そこから顕在意識へと移すのです。

移した考えを定着させる作業が繰り返すことです。

その作業がなければ、折角《せっかく》いい考えを頭に入れても、すぐどこかに行ってしまうからです。

どんなに頑固な心の壁があったとしても、いい事を思い続け、口に出し続けることです。

そうすれば、固い心の壁も雪なだれの様に崩れていきます。


私は、どんなに辛い出来事が起きても、一呼吸おけばすぐに、「これで良かった」と思うようにしています。

この言葉は、顕在意識は決して受け入れてはくれません。

「何を訳のわからんこと言ってんだ」とはねつけます。

でも潜在意識は、ありがたい事に、無条件で受け入れてくれるのです。

後は、「良かった良かった」の繰り返しで、脳を錯覚させるようにしています。

不思議なもので、「これで良かった」と思えば脳が、良かった探しを始めてくれるからです。

脳を、「これで良かった」と錯覚させるには、繰り返すことで可能となります。

# 7 困った時は、「大丈夫」を口にすれば、心が軽くなる

私が五十歳になった時のことです。
会社が資金繰りに行き詰まり、倒産してしまったのです。
整理した荷物を紙袋に入れ、両手に提《さ》げて帰宅した夜のことです。
玄関からそのまま妻のいる台所へ行き、椅子に腰掛けました。
会社で起きたことを切り出せば、妻から何を言われるか予測できず顔面蒼白です。

「会社が倒産してしまったぁ……」

「あぁやっぱりね」

「これからどうしょう」


そこまで話すと、妻は予想に反して、ニッコリと笑うのです。

「薄々わかっていたよ、でもお金が無ければ、無いなりにやりくりするから大丈夫、任しておいて」

その時、「悪いなぁ」と言いながらも、「大丈夫」の一言で、真っ暗だった心の中はパッと朝の光が差し込んだ気分でした。

それは正に九死に一生を得た思いでした。

「大丈夫」の一言に救われたのです。

あの時もし、怖い顔で、「これからどうすんの！」とでも浴びせられでもしていたなら、立ち直ることが出来なかったかも知れません。

困った時は、気が滅入っているために、悪い方へ考えがちになるものです。

しかし、心配しなくても実際には、それ以上の悪いことは起こらないものです。

そういう時は、あれこれ考えず、「大丈夫」と呟くことです。

やがて時間が解決してくれます。

「取り越し苦労」という言葉があります。

思った以上に悪いことなど起こりもしないのに、先々考えて、自分で自分の首を絞めてしまいます。

こんなつまらないことは、ありません。

夜の次は朝です。

暗闇の後には、明るい朝が必ずやってきます。

寒い冬の次には、暖かい春が必ずやってきます。

一年中寒く吹雪が吹きっぱなしなどありえないことです。

世界中の心理学者たちも、心配ごとの九割は起こらないと言っています。

「大丈夫」と口ずさめば、それが自分自身への暗示です。

気持ちを楽にする言葉です。

気持ちが楽になれば、希望が見えてきます。

暗示の効きめは強力です。

暗示効果で、「私は大丈夫なんだ」と、段々と思えてきます。

本心は、全然大丈夫な気持ちがなくても、自分をだまして「大丈夫」と口に出すことが大事です。

言葉だけなら気軽に口に出せます。

そうすれば、脳は混乱して、良い誤作動を起こします。

脳は、訳が分からなくなり、心に辛い指令を発しなくなります。

その結果、心が軽くなるものです。

# 8

# 他人をけなせば自分が損し、褒めたり笑わせせば得するのは脳の性質が原因

他人をけなせば自分が損して、逆に褒《ほ》めたり笑わせたりすれば自分が得をします。

何故でしょうか？

それは、脳というものは言葉に出せば、自分と他人の区別がつかないためです。

私は冗談が大好きで、暇さえあれば、面白いネタを考えています。

と言っても、綾小路きみまろのような漫談で使うわけではありません。

普段の日常会話に使うためです。
それによって自分自身が楽しくなり、一日中いい気分で過ごせるからです。
実際に、ジョークを放っていい気分になった例をいくつか紹介します。

・以前勤めていた会社での同僚との会話
「昼休みに冷たいアイスを食べたらゲーリークーパー（アメリカの俳優）になったよ」
（同僚は爆笑）

・孫との会話。
「おじいちゃんは、冷たいビールを飲むと腸がグルグル鳴り出して、腸がチョー（腸）弱いんだよ」

（小学生の孫は五秒経ってから笑いだす）

・宴会の席でのこと。
幹事に名前を呼ばれて挨拶する時に、「皆さん今晩は、木村拓哉です」

（会場は大爆笑）

・床屋に散髪に行った時のこと。
椅子に腰かけると、首にヒモのついたエプロンをかけられました。

「お首苦しくないですか？」

「ハイ、死ぬほどじゃないです」

（理髪師は大笑してバカ受け）

・リフォーム業者が我が家に二人で来た時のこと。

休憩している時に、缶コーヒーを出しました。

「お疲れ様です。コーヒーどうぞ」

彼らが一〇〇円のコーヒーを飲み干すと、

「ごちそう様でした」

「一五〇円頂きます」

「アッハハハ…高いなぁ」


放ったジョークに皆大喜びしてくれます。

ジョークを放つと相手は、面白ければ、喜ぶのは当然ですが、言った本人はもっと楽しいのです。

楽しい気分が、長く後を引きます。

脳は、「言ったから楽しいのか、聞いたから楽しいのか」が分からないためです。

また、他人を褒めれば自分が褒められた気分と同じになります。

逆に人の悪い点ばかりを取り上げて、人をけなせば、自分自身を攻撃するのと一緒です。

他人の悪口を言えば、その悪い言葉はブーメランのように戻ってきます。

その結果、頭に当たって嫌な気分になるのです。

こんな馬鹿馬鹿しいことはありません。

他人をけなせば、自分が損して、褒めたり笑わせれば自分が得をするという訳です。

すべて脳の性質が原因です。

第3章

# 顔の表情を変えれば人生が変わる

# 1 笑顔は相手のためより、自分が良くなるためのもの

一切費用もかからず、たいして苦労もせずに、人生を楽しく送る秘訣がありま す。

それは〝笑顔を作る〟ことです。

人と話をする時に、笑顔で話す習慣がない人は、笑顔で話すようにした方が得です。

相手により一層好印象を与えることになるからです。

電話で顔が見えなくても、相手が笑顔か、真顔なのかが分かります。

声に出るからです。

笑顔は、相手に好印象を与えるだけではありません。

笑顔を作って一番得するのは自分自身です。

辛い時に、笑顔が作れなければ、作る習慣をつければ苦しみも軽減されます。

笑顔の習慣がなければ、無理に作ろうとしても顔がひきつるだけです。

人間は習慣の動物なので、習慣にしてしまえば、無意識に出るようになります。

世の中には、何が起きてもニコニコしている人がいます。

随分得な人です。

苦しみも、笑顔がクッション代わりになるものです。


ある有名なスポーツトレーナーは、選手がミスをした時に、「失敗した顔しないで、笑うんだ！」と指導しています。

失敗して顔をしかめて、いい訳がありません。

脳は敏感に不調を読み取ってしまいます。

選手たちの脳には、常に絶好調と思わせる必要があります。

脳は、ご主人様が調子いいと感じれば、手足にその通りの指令を出すからです。

人の個性はそれぞれで、なかにはいつも無表情で能面のような人もいます。

とっておきのジョークを放っても、表情一つ変えなければ、言ったことを後悔します。

「この人は顔の筋肉が動かないのか」と心配してしまいます。

人と接する時に、いつもニコニコしている人は、ニコニコ顔の習慣が身に付いています。

いつも真顔の人は、表情筋を使わない習慣になっています。

人間の顔には、表情筋が四十二本もあるというのに、使わなければもったいないことです。

表情筋も使わなければ、退化してしまい笑わない習慣の出来上がりです。

以前、東京大学で高齢者を対象にした調査がありました。

毎日よく笑う人達と、ほとんど笑わない人達が、どういう結果になったかを調べたのです。

すると、毎日能面の様な人達は、よく笑う人達に比べると脳卒中になった割合が二倍近くも違うという結果が出ました。


笑顔の効用は、計り知れないほど大きなものです。

癌だってやっつけます。

「笑えば、癌細胞を破壊したり、感染を防ぐ効果がある」と、多くの医学博士たちも語っています。


笑顔は他人とのコミュニケーションを円滑にします。

ギクシャクがまず無くなります。

こちらが笑顔を投げかければ、相手も笑顔を返してくれます。

その結果、いい気分が保てるのです。

笑顔は人を幸せ気分にするだけでなく、なによりも自分自身をいい気分にするものなのです。


表情筋と脳は密接につながっています。

実際に自分で試してみればよく分かります。

笑顔で「悲しい」と口に出してみて下さい。

全然悲しい気持ちになりません。

名優でも無理です。

笑顔を作れば、悲しい思いは作れないことに気づきます。

という訳で、私は毎朝目が覚めると、布団の中で笑顔を作ることにしています。

寝起きが悪いために、放っておくと次々と嫌な思いが浮かんでくるからです。

その予防策として、目を垂れ、口を横に広げています。起き上がると、洗面所の鏡で、笑った顔を潜在意識へ十秒間浸透させることを日課にしています。

いかに笑顔と気分が関係あるかを知りたい場合は、自分自身を振り返ってみれば分かります。

気分が冴えない時は、顔も暗い表情になっています。ところが、気分のいい時は、自然に笑顔になっているものです。

「楽しいから笑うのではなく、笑うから楽しくなる」という心理学者の言葉通りです。

「気分を良くしたければ、笑顔を作ればいい」という簡単でわかりやすい法則です。

いいものは、何でもシンプルです。

心の研究者ジョセフ・マーフィー博士の言うように、心というものは、放っておけばマイナス方向へ引っぱられてしまうものです。

常に脳をコントロールしていく必要があります。

嬉しい時は笑顔、苦しい時も笑顔です。

なかには、嬉しい時でさえ笑顔のない人もいます。

お気の毒としか言いようがありません。

苦しい時に笑顔にすれば、脳は、「ご主人様は苦しくないんだ」と感じとり、いい誤作動を起こしてくれます。

心に苦しみの指令を出さないので、苦しみが軽くて済みます。

笑顔を作って、脳の操縦者になれば毎日が楽です。

費用なし、労力なし、副作用なしで、しかも効果抜群という夢のような話です。
中高年の一番好きな言葉、「ただ」です。
笑顔を作れば、病気も治り、人間関係もうまくいきます。
そして何よりも、人生そのものが楽しくなるのです。
笑顔の習慣をつけるか、つけないかで大きく人生が左右されてしまうものです。
笑顔を作るのは、相手のためより、自分のためのものです。

## 2

# いつもいい気分でいたければ、顔の表情で脳をだませばいい

心の状態は顔に出るものです。

会った人から、「貴方はすごく感じのいい人ですね」と褒められれば、言われた本人の顔はどう変化するでしょうか。

目尻が下り、目は細くなって口は横に広がります。

そして頭の中は幸せ気分になります。

反対に、歩いている時に、他人とぶつかって、「どこに目をつけてんだ！　バカヤロー」と怒鳴られれば、顔は微妙にゆがみます。

眉間が狭くなり、口はへの字に曲がります。

そして頭の中は嫌な気分が漂います。

この様に心の状態は、すべて顔に出るものです。以上の変化をみて言えることは、心を変えるには顔の表情を変えればいいことになります。

いい表情を作れば、楽しい気分が作られる訳です。

「楽しいから笑うのではなく、笑うから楽しくなる」と多くの心理学者が言う通りです。

作り笑顔でも、脳波が変化することがアメリカの心理学者の研究でも証明されています。

顔には四十二種類の表情筋があります。

その豊かな表情筋で、素敵な顔を作ればいいのです。

私は毎朝目が覚めると、布団の中でまず口を横に広げています。一日中、口は少し横に広げることを心掛けています。意識しないとすぐにへの字になるからです。

机の前には鏡を置いて、時々見るようにしています。チラッとみれば、やはり口はへの字になっていました。つまらなそうな顔に気づき、「あっ、いけない！」とすぐに口を横に広げています。

いつもいい気分でいたいからです。

顔の形で気分がどう変化するのか、実際に試してみればすぐに分かります。

・嫌な気分の作り方

眉間にシワを作り、口をへの字にすれば、たちまち不愉快な気分になります。

不愉快な時は、そういう顔になっています。

・いい気分の作り方

目尻を下げて、目を細くして口を横に広げてみて下さい。

いい気分になります。

いい気分の時は、そういう顔をしています。

このように、顔の表情を変えるだけで脳は簡単にだませます。

表情筋と脳の回路は密接につながっているからです。

常にいい顔の形を意識すれば、いつもいい気分でいられるのです。

# 3 笑顔でいいセルフイメージを持てばビジネスも人生もうまくいく

いいセルフイメージを持つようになると、人生が好転していきます。

仮に、貴方に娘さんがいたとします。

その娘さんが、ある日突然に、「私、顔の美容整形をしたい」と言い出せば、「顔にメスを入れるなんて、とんでもない」と怒り出すかも知れません。

しかし、本人が不細工と思い込み、暗い性格になっている場合もあります。

「綺麗になって人生をやり直したい」と願ってのことなら応援すべきことです。

顔の美容整形は、心の美容整形にも役立つ場合が多いからです。

セルフイメージが悪いと、「どうせ私なんか男性にも好かれないし……」と悪い暗示をかけ続ける危険性があります。

そうなっては大変です。

暗い暗示によって、心が閉ざされて不幸な人生を歩む羽目になるからです。

サイコ・サイバネティィク理論の提唱者でアメリカの整形外科医のマクスウェル・マルツは、多くの女性に美容整形をしていくうちに、あることに気づきました。

手術前までは、消極的で暗かった女性が術後には生き生きとしていることに気づいたのです。

「私はなんて綺麗なんでしょう」というセルフイメージで、性格まで変わってしまうことに彼は驚きました。

「俺はしょぼくれた人間だ」というイメージを持てば、脳は錯覚してその通りのしょぼくれた人間になるように仕立て上げます。

一方、「私は選ばれた一流の人間だ」というイメージを持てば、それに相応《ふさわ》しい行動をとるようになります。

いいイメージによって顔は自信に満ちた素晴らしい笑顔になります。

常に笑顔の人のそばには、明るい人たちが寄ってくるものです。

類は友を呼び、成功者たちが集まってくることになります。

当然、ビジネスも人生もうまくいくようになる訳です。

いいセルフイメージを持てば、人生が変わります。

心と体の健康のためにも、笑顔を作り、いいセルフイメージを心掛けることは、大変重要なことなのです。

## おわりに

心の研究者ジョセフ・マーフィー博士が言うように、心というものは、放っておけば、マイナス方向へ引っぱられてしまうものです。

私も本を書いていて、心が快でないと、ペンがなかなか進まないものだと、つくづく感じます。

この様な時は、机から離れて、外を歩くようにしています。

部屋の中にいては、気が滅入るだけだからです。

心と体は一体です。

だから心を変えたければ、体から変えればいいことになります。

「太ももや、ふくらはぎなど、足の筋肉を動かせば、脳から快楽ホルモンが分泌される」と医学博士の佐藤富雄氏も言っています。
机の上では浮かばない考えも、歩き出せば、脳は活性化されます。
歩いていれば、いいアイディアも浮かんでくるというものです。
その時忘れてはならないことは、なんと言っても笑顔です。
笑顔を作れば、脳はだまされます。
脳を「いい気分」とだましながら、足腰を鍛えれば、心と体は喜びます。

人の心はコロコロと変化するために、マイナス方向へ引っぱられない様にすることが大事です。
心をいつも快にして、毎日を楽しく充実させた人生を送りたいものです。

本書を気分爽快にする虎の巻として、是非ご活用下さい。
参考にして頂き、更にいい人生を送れますよう願って止みません。

最後に、読者の皆様にお知らせを致します。

私の著書（五作品）や講演のＤＶＤ（一作品）にご興味ある方は、ホームページでお待ちしております。

ＤＶＤのタイトルは、「爆笑講演会・いい気分にセルフコントロールする３つの習慣成功法」と題しています。

http://www.miyamotoharuki.com
宮本晴記で検索しても入れます。

最後までお読み下さいまして、ありがとうございました。

読者の皆様の、ご健康とご繁栄を心よりお祈り致します。

**宮本 晴記**（みやもと はるき）
1949年兵庫県生まれ。
東洋大学経済学部経済学科卒業。
学生時代からアイディアに興味を持つ。大学1年生の時には、トイレットペーパーフォルダーの発明でテレビ東京に出演し、アイディア賞受賞。
卒業後、読売新聞社系列の読売エイジェンシーに入社。社内報の編集に携わる。営業活動においては、顧客先の社員教育を受け持ち、代わりに広告を得る手法で活躍。
1982年2月、読売新聞社より優秀社員に贈られる読売マイスター賞受賞。その後独立し、能力開発プログラム販売会社で専務として、トップセールスマン教育に力を注ぐ。セールスで成功する販売マニュアルを完成させ、世界一の販売実績を残す。
現在首都圏に賃貸マンション経営を数多く展開中のマンション投資家。
著書：『爽快イメージ成功法　嫌な気分よさようなら―自分をコントロールする秘訣』（風詠社　2012年）
『いい気分にセルフコントロールする3つの習慣成功法』（風詠社　2014年）
『脳をだます習慣でいい気分の心をつくるイメージコントロール成功法』（風詠社　2016年）
『世界一わかりやすい潜在能力の引き出し方でビジネスも人生も成功させる楽しいイメージコントロール』（ブックウェイ　2018年）

**イメージと魔法の言葉で潜在能力を引き出し**
**人生を成功させる世界一楽しい自己暗示**

2018年5月6日発行

著　者　宮本　晴記
発行所　ブックウェイ
〒670-0933　姫路市平野町62
TEL.079（222）5372　FAX.079（223）3523
http://bookway.jp
印刷所　小野高速印刷株式会社

ISBN978-486584-314-9

乱丁本・落丁本は送料小社負担でお取り換えいたします。